BEI GRIN MACHT SICH IHR WISSEN BEZAHLT

- Wir veröffentlichen Ihre Hausarbeit, Bachelor- und Masterarbeit

- Ihr eigenes eBook und Buch - weltweit in allen wichtigen Shops

- Verdienen Sie an jedem Verkauf

Jetzt bei www.GRIN.com hochladen und kostenlos publizieren

Nadine Merten

Die Kindsmordproblematik und die Strafrechtsreform im 18. Jhd. im Kontext der "Kindermörderin"

GRIN Verlag

Bibliografische Information der Deutschen Nationalbibliothek:

Die Deutsche Bibliothek verzeichnet diese Publikation in der Deutschen National-
bibliografie; detaillierte bibliografische Daten sind im Internet über http://dnb.d-
nb.de/ abrufbar.

Impressum:

Copyright © 2003 GRIN Verlag GmbH
Druck und Bindung: Books on Demand GmbH, Norderstedt Germany
ISBN: 978-3-638-92987-5

Dieses Buch bei GRIN:

http://www.grin.com/de/e-book/45128/die-kindsmordproblematik-und-die-straf-
rechtsreform-im-18-jhd-im-kontext

GRIN - Your knowledge has value

Der GRIN Verlag publiziert seit 1998 wissenschaftliche Arbeiten von Studenten, Hochschullehrern und anderen Akademikern als eBook und gedrucktes Buch. Die Verlagswebsite www.grin.com ist die ideale Plattform zur Veröffentlichung von Hausarbeiten, Abschlussarbeiten, wissenschaftlichen Aufsätzen, Dissertationen und Fachbüchern.

Besuchen Sie uns im Internet:

http://www.grin.com/

http://www.facebook.com/grincom

http://www.twitter.com/grin_com

„Königsmörder sind geviertelt, Vater- und Brudermörder geradebrecht, Kindermörderinnen unzählige enthauptet worden. "

Die Kindsmordproblematik und die Strafrechtsreform im 18. Jhd.

Dieses Referat soll versuchen, einen Einblick in die Hintergründe von Wagners „Kindermörderin"[1] zu geben. Warum war das Kindsmordmotiv ein so beliebtes in der deutschen Literatur des Sturm und Drang? Wie konnte es geschehen, dass der Kindesmord mit Wagner für mehr als ein Jahrhundert zum Paradigma der Tragödie wurde?

Einleitend ist zu sagen, dass im 18. Jahrhundert, mit der „Geburt des freien Menschen"[2] zusammenhängend, überall in Europa für ein menschenwürdigeres Dasein gekämpft wurde. Ein wesentlicher Bestandteil dieses Kampfes ist dann eben auch das Streben nach einer milderen Strafrechtspflege. Nicht jeder europäische Staat beschränkte sich dabei jedoch auf die Fälle der Kindermörderinnen, die Interessen trifteten auseinander. So ging es in Frankreich um die ungerecht harte Bestrafung des Diebstahls oder in England um das schlechte Gefängniswesen. Wieso in Deutschland das Kindsmordmotiv? In ihm zeigt sich am deutlichsten die Gleichheit der Stoffe und Motive der Dichter des Sturm und Drangs. Denn nicht nur Wagner befasste sich mit diesem Motiv in seiner „Kindermörderin", bei Goethe finden wir den Stoff in der „Gretchentragödie"[3] , bei Lenz in seiner Erzählung „Zerbin oder die neuere Philosophie"[4], bei Schiller in seinem Gedicht „Die Kindesmörderin"[5]. Verwandte oder sehr ähnliche Stoffe finden sich bei Lenz im „Hofmeister"[6] und den „Soldaten"[7] oder bei Schubart in seinem Gedicht „Das schwangere Mädchen"[8], diese Liste ließe sich beliebig fortsetzen. Fast alle diese Dichter betrieben juristische Studien und vertraten die Denkrichtung des Determinismus. Daher ist der Mensch von innen und außen vorherbestimmt, wonach dann auch Sünden und Verbrechen in einem milderen Licht erscheinen. Der Verbrecher handelt also in einem, von der Gesellschaft mitproduzierten, Wahn. Außerdem gaben die zahlreichen Hinrichtungen der damaligen Zeit den Ausschlag, man griff zur Feder, um seiner Entrüstung

---

[1] Die Kindermörderin. Hrsg. u. bearbeitet v. Josef Ettlinger. Mit einer Einleitung und einem Bildes des Dichters. Halle a. S.: Otto Hendel 1904. (= Bibliothek der Gesamtliteratur des In- und Auslandes, Nr. 1816)
[2] Rameckers, Jan Mathies: Der Kindesmord in der Literatur der Sturm- und- Drang- Periode. Rotterdam 1927.
[3] Goethes Faust in ursprünglicher Gestalt nach der Göchhausenschen Abschrift, hrsg. v. Erich Schmidt. Weimar ³1894.
[4] Lenz, Jakob Michael Reinhold: Werke und Schriften. Hrsg. v. Britta Titel. Stuttgart: Goverts 1966.
[5] Schiller, Friedrich: Gedichte/Dramen. Hrsg. v. Gerhard Fricke und H.G. Göpfert. München: Hauser 1965.
[6] Blei (Hg.): Lenz, Gesammelte Schriften. Weimar 1909
[7] ebd.
[8] Schubart, Christian Friedrich Daniel: Sämtliche Gedichte. Frankfurt a.M. 1825.

hierüber Luft zu machen. Dabei wirkten alle aufeinander ein, da sie in ständigem Briefkontakt standen, außerdem waren ihre Wohnorte nicht weit voneinander entfernt.

Die literarischen Stoffquellen für das Kindsmordmotiv waren a) das Puppenspiel, b) das Bänkelsängerlied und c) das Volkslied. Puppenspiel und Volkslied dürften bekannt sein, zum Bänkelsängerlied ist zu sagen, dass es sich hierbei um erschütternde Tagesereignisse handelt, die der Bänkelsänger, auf einer Bank stehend, wiedergibt. Dies geschah meist an öffentlich stark frequentierten Orten. Bei Wagner stößt man auf zwei literarische Quellen: Das Motiv des verabreichten Schlaftrunks entnahm er dem Volkslied, das Freudenhaus aus Richardsons Roman „Clarisse Harlowe". Außerdem schien das Verbrechen geradezu ideal, um die Rückständigkeit der damaligen Verfassung und Justiz, sowie deren Grausamkeit zu verdeutlichen. Denn, nach den Vertretern Sturm und Drangs hat der Verführer die größte Schuld am Verbrechen und eben dieser läuft frei herum, wird niemals verurteilt werden.

Es muss betont werden, dass die Bewegung für eine mildere Strafrechtspflege vor allem von der literarischen Seite ausging, will man Juristisches erfahren, findet man viel zum Thema Kindsmord, jedoch wenig über die Bewegung für eine menschlichere Bestrafung desselben. Einiges kann man der Dissertation des Schweizers J. Wehrli, „Der Kindesmord"[9], entnehmen. Der erste, der die Strafrechtsbewegung in Verbindung mit der Literatur betrachtete war Erich Schmidt in seiner Wagner- Biografie[10].

Wenden wir uns nun dem ersten gossen Thema des Referates zu und betrachten wir die historische Seite des Themas:

Die Menschen leben in Armut, während an den meisten Fürstenhöfen der pure Luxus vorherrscht. Den Großteil der Steuern, um diesen Luxus zu bezahlen, gaben die Bauern und Bürger ab. Wie wir schon erfahren haben, waren die Offiziere und Soldaten damals besonders berüchtigt, sie waren zur Ehelosigkeit gezwungen. Somit stellten sie eine ständige „Gefahr" für die Bürgerstöchter dar, zumal sie ja auch bei bürgerlichen Familien einquartiert wurden, denn Kasernen existierten noch nicht.

Friedrich der Große beschrieb die damalige Zeit so:

„Edelleute und Bauern waren geplündert, gebrandschatzt, ausgezehrt worden von soviel verschiedenen Heeren, derart, dass ihnen nur das nackte Leben und elende Lumpen geblieben waren, um ihre Blöße zu bedecken. Kein Kredit, um auch nur für die täglichen Bedürfnisse aufzukommen, die die Natur erheischt; keine Polizei mehr in den Städten: an Stelle des Geistes der Billigkeit und der Ordnung war niedrige Selbstsucht und anarchische Selbsthilfe getreten; Finanzkammern und Gerichte hatten die Arbeit einstellen müssen bei dem häufigen

---

[9] Wehrli, J. : Der Kindesmord. Frauenfeld: 1889.
[10] Schmidt, Erich: Heinrich Leopold Wagner. Goethes Jugendgenosse. Jena 1879.

Einbruch so vieler Feinde; das schweigen der Gesetzte hatte im Volk die Lust an der Ausschweifung entfesselt und daraus war eine allgemeine Jagd nach Gewinn um jeden Preis entstanden: der Edelmann, der Bauer, der Pächter, der Kaufmann, der Fabrikant, alle steigerten den Preis ihrer Werte und Waren nach belieben und schienen nur zu arbeiten auf ihren gegenseitigen Ruin."[11]

Die damalige Strafrechtspflege erfüllte eine Doppelrolle: Einerseits war sie Vergeltung für das ausgeübte Verbrechen, eine Art Rache im Namen des Volkes, andererseits sollte sie vor allem abschreckend wirken und musste daher besonders hart und grausam ausfallen. An eine Art Rehabilitation des Verbrechers im heutigen Sinne wurde damals nicht gedacht. Die Todesstrafe war alltäglich:

„Mit den hinzutretenden Verschärfungen nahm die Hinrichtung folgenden Lauf: nachdem der Delinquent die ordentliche und außerordentliche Folter erduldet und sodann öffentliche Kirchenbuße geleistet hatte, wurde er im Hemde auf einem Karren zum Richtplatz geführt. Dort angelangt wurde er auf einem drei bis vier Fuß hohen Schafott, welches den zur Hinrichtung erforderlichen Pferden Platz bieten musste, auf dem Rücken liegend, mit eisernen Fesseln angebunden. Die Waffe, mit der er sein Verbrechen begangen hatte, wurde ihm in die Hand gegeben und diese mit Schwefel abgebrannt. Dann riß man ihm mittels Zangen Stücke Fleisch aus der Brust, den Armen und den Schenkeln und träufelte eine Mischung von flüssigem Blei, Öl, Pech, Wachs und Schwefel in die Wunden. Hierauf band man um seine Arme und Beine Stricke, deren Ende an die Pferde befestigt wurden, die ihn auseinander reißen sollten. Anfangs ließ man diese Pferde nur mit geringer Kraft, dann aber mit aller Gewalt ziehen. Leisteten die Bänder und Kapseln der Gelenke zu großen Widerstand, so wurden sie durchschnitten. Schließlich schleppte jedes der vier Pferde ein Glied des Unglücklichen fort, dessen Rumpf in einen brennenden Holzstoß geworfen wurde. Die Asche wurde in alle Winde zerstreut."[12] Dies ist zwar eine Beschreibung der Todesstrafe in Frankreich, sie lief jedoch in Deutschland ganz ähnlich ab.

Wie genau wurde der Kindmord bestraft? Was waren seine Ursachen?

Heute unterscheidet man drei verschiedene Formen der Kindstötung:

a) psychotische Störungen der Mutter nach der Geburt

---

[11] Oncken: Das Zeitalter Friedrichs des Großen
[12] Hertz: Voltaire und die französische Rechtspflege im 18. Jahrhundert, S.8.

b) Der Mord aufgrund von sexuellen Besitzwünschen, Eifersucht gegen den sexuellen Partner (Medea- Mord)

c) Kindsmord aus Besorgtheit um die Zukunft des Opfers

Der Kindesmord ist im 18. Jh. ein häufiges Ereignis:

Pestalozzi schreibt in „Über Gesetzgebung und Kindermord": „Verhüll dein Angesicht, Jahrhundert! Beug dich nieder, Europa! Von deinen Richterstühlen erscheint die Antwort: Zu Tausenden werden meine Kinder von der Hand der Gebärenden erschlagen." [13]

Die Ursachen sind natürlich immer ein Stück von der Persönlichkeit der Frau abhängig, die den Kindesmord begeht. Jedoch lassen sich Gemeinsamkeiten entdecken. Im oben genannten Werk nennt Pestalozzi beispielsweise „die acht Quellen des Kindesmordes":

- Die Untreue und der Betrug verführender Jünglinge
- Die Strafen, die auf Unzucht stehen
- Die Armut
- Die Umstände der dienenden Schloss- und Stadtmädchen
- Die Furcht vor unvernünftigen Eltern, Vormünden, Verwandten
- „Heuchlerischer Ehrbarkeitsschnitt"
- Die inneren und äußeren Folgen der früheren „Laster"
- Die äußeren Umstände der Mädchen während der Geburtsstunde

Er verweist noch auf weitere Komponenten, die da wären: Die Furcht vor der Schande, der Einfluss der zur Ehelosigkeit verdammten Soldaten, die nicht eingehaltenen Eheversprechungen.

Die **Geschichte** der Bestrafung des Kindesmordes ist lang und grausam und beginnt bei den Römern: Hier hatte der Vater zwar das Recht, Kraft der patria potestas frei über Leben und Tod seines Kindes zu entscheiden, aber Kindstötung seitens der Mutter wurde mit der „Lex Cornelia de sicariis" bestraft. Kindsmord im Sinn der „Kindermörderin" war jedoch dem römischen Gesetz völlig fremd.

In bekannten früheren Rechtsbüchern (Sachsenspiegel, Deutschenspiegel, Schwabenspiegel) wird der Begriff nicht erwähnt, jedoch war er bekannt. Der unehelichen Mutter wurde bereits die Todesstrafe angekündigt.

Im Laufe der Zeit verhärtete sich die Bestrafung immer mehr, im ausgehenden Mittelalter werden die Kindermörderinnen lebendig begraben oder gepfählt [14].

---

[13] Pestalozzi: Über Gesetzgebung und Kindermord. Hrsg. v. K. Wilker, S. 81-120.
[14] Pfählen: Die verurteilte wurde bis zum Hals mit Erde/Dornengestrüpp zugedeckt, dann wurde ein spitzer Pfahl in die Gegend des Herzens gestochen.

Erstmalig erwähnt wird der Kindesmord in der **Carolina**, dem „peinlichen Halsgericht Karls V. Hier findet sich eine geregelte Bestrafung, was nicht bedeutet, sie wäre milder. Der Kindesmord wird in den § 35, 36 und 131 behandelt: „*„Item wellichs weip Jr kindt, das leben und glidmass empfanngenn het, heimlicher bosshafftiger williger weise ertodet, Die werdenn gewonlich lebendig begrapen und gepfaelet. Aber darinnen Verzweiffelung zuverhuüetten, Mogen dieselbigen vbellthaterin jnn wellichem gericht diie bequemlichkeit des wassers darzu vorhandenn ist, ertrenckt zu werden. wa aber sollich vbel offt geschehe, Wollen wir die gemellte gewonheit des vergrabens vnnd pafahlens umb merrer forcht willen, sollicher bosshafftigen weiber auch zulassen, oder aber das vor dem erdrenkcen die vbellthaterinn mitt gluehdnen Zangen gerissenw erde, Alles nach rat der Rechtverstenndiegen.*"*[15]*

Das „Lehrbuch des gemeinen in Deutschland gültigen peinlichen Rechts" von Joh. Anselm Feuerbach definiert:

„Kindesmord (infanticidium) ist die von einer Mutter, nach vorgängiger Verheimlichung der Schwangerschaft, an ihrem neugeborenen, lebensfähigen, unehelichen Kinde begangene Tötung."[16]

Demnach gehören folgende Merkmale zum Delikt:

a) außereheliche Zeugung und Geburt des Kindes,

b) das Leben des Kindes nach der Geburt,

c) die Fähigkeit des Kindes zum Fortleben,

d) eine rechtswidrige Handlung oder Unterlassung der Mutter gegenüber dem Kinde, welche

e) während oder kurz nach der Geburt erfolgt,

f) die Verheimlichung der Schwangerschaft als Kriterium der Vorsätzlichkeit.

Nach Feuerbach kommt dem Kindesmord, gegenüber dem üblichen Verwandtenmord (parricidium) eine mildere Bestrafung zu, wegen besonderer Motive, die sich aus der Unehelichkeit ergeben, und wegen der verbreiteten Vorstellung von dem Neugeborenen als einem noch unselbstständigen Wesen.

Die Schwere der Strafen ist begründet durch die religiöse Auffassung, dem Kind werde die Taufe versagt und durch das Schutzbedürfnis der Familie als Rechtsinstitution. Während der Verhandlung sind keine Zeugen zugelassen, daher wird die Angeklagte oft zu der Aussage gezwungen, sie habe das Kind nicht bereits tot geboren, sondern erst nach der Geburt getötet.

---

[15] Die peinliche Gerichtsordnung Kaiser Karls des V. Constitutio Criminalis Carolina. Hrsg. v. J. Kohler und W. Scheel. Aalen 1968.
[16] 14. Aufl. hrsg. v. K.J.A. Mittermeier, Giessen 1857, § 236.

Nach französischem Recht genügte die Verheimlichung der Schwangerschaft und der Niederkunft als Tatbestand.

Beispielhaft ist der Fall der Maria Sophia Leypold, Metzgerstochter aus der Vogtei Hagnau. Sie hatte im siebten Monat ihrer Schwangerschaft (von der sie noch nichts wusste) ein totes Kind geboren und wurde 1775 zum Tod durchs Schwert verurteilt. 1776 wurde sie zu lebenslang begnadigt, aber erst 1788 entlassen. Dieser Fall bildet den historischen Anlass zu Wagners Drama.

Außereheliche Beziehungen waren oft nicht legalisierbar, es galt ein Heiratsverbot nicht nur für Soldaten, ebenfalls für alle der Hauswirtschaft angehörenden, unfrei Arbeitenden, Lehrlinge, Gesellen, Dienstboten und nachgeborenen Bauernsöhne, denen bei Fehlen „eigener, vorteilhafter Wirtschaft" eine Heiratserlaubnis von ihren Herrschern ebenfalls nicht erteilt werden durfte.

Mitte des 19. Jahrhunderts nehmen die Fälle, aufgrund der steigenden Zahl der möglichen Abtreibungen, ab.

Im Zuge der Aufklärung änderten sich dann endlich die Auffassungen über dieses Verbrechen, die Todesstrafe des Schwertes fand weitere Verbreitung, an Stelle des Säckens (= mit Tieren in einen Sack gesteckt und ertränkt). Häufig bestand die Strafe auch in der Entrichtung einer bestimmten Geldsumme an die Richter, war es nicht möglich sie zu bezahlen, folgten andere Strafen. Auch Auspeitschungen waren mancherorts üblich, dazu kam die öffentliche Kirchenbuße, eine von der Kirche entrichtete Strafe. Einen Dialog der öffentlichen Kirchenbuße findet man abgedruckt bei Ramecker.

Bewegung für eine mildere Strafe von Verbrechern im Allgemeinen

Die Bewegung für eine mildere Bestrafung von Verbrechern allgemein fand ihren Ausgangspunkt in Frankreich. Der Reformbewegung zum Durchbruch verhilft Voltaire, indem er immer wieder die Nutzlosigkeit der Todesstrafe betont und die Verbrechensbekämpfung per Prävention als richtig erachtet.

Rousseau hingegen sprach sich nicht für die Abschaffung der Todesstrafe aus, jedoch zeige sie nur die Schwäche des Staates und sollte möglichst nie angewendet werden, wenn Besserung des Verbrechers möglich ist. Er schreibt im Contrat Social: „ Tout malfaiteur, attaquant le droit royal, devient par ses forfaits rebelle et traître à la patrie ; il cesse d`en être membre en violant ses lois ; et même il lui fait la guerre. »

Das Denken des 18. Jahrhunderts in Deutschland stützt sich auf Christian Wolff, den Hauptvertreter des Naturrechts (= alle Menschen sind im Naturzustand gleich). Zweck des

Zusammenschlusses von Menschen ist nach ihm Sicherheit und Wohlfahrt: „Alles ist Recht, was zur Erlangung der allgemeinen Ruhe und Sicherheit erforderlich ist."[17] Strafe ist also für ihn Abschreckung, es fehlt jeglicher Humanitätsgedanke.

Auch Friedrich der Große war von den moralischen Eigenschaften eines Menschen nicht sehr überzeugt, Strafen sind nach ihm zwar das äußerste, aber auch das beste Mittel zum Schutz der Gesellschaft. Für gebildete Nationen seien grausame Strafen jedoch ungeeignet, die Todesstrafe wird aber beibehalten.

Ein Vierteljahrhundert nach dem Regierungsantritt Friedrichs des Großen tritt ein österreichischer Politikprofessor auf den Plan: Joseph von Sonnenfels (1732-1817): nach ihm ist Ursache jedes Verbrechens die Furcht vor der Arbeit, Verbrecher werden also mit öffentlicher Arbeit bestraft. Nach seiner Veröffentlichung des Buches „Über die Abschaffung der Tortur", wurde die Todesstrafe in Österreich tatsächlich nach und nach abgeschafft. So verbreitet sich also der Gedanke von der Abschaffung der Todesstrafe und zieht immer größere Kreise.

Noch einmal geriet die Reformbewegung durch die Schrecken der französischen Revolution ins Stocken, manch eingeführte Neuerungen wurden wieder rückgängig gemacht. Im preußischen Landrecht von 1794 unterscheidet man noch vier Arten der Todesstrafe (Enthauptung, Räderung, Strang, Feuertod).

<u>Bewegung für eine mildere Bestrafung der Kindesmörderinnen</u>

Einer der ersten, der sich mit diesem Thema befasste war Friedrich der Große, er beschäftigte sich mit Mitteln der Prävention und schuf die Strafe des Säckens (ersetzte sie durch Enthauptung) und die Tortur ab. In seiner Dissertation „Sur les raisons d`etablir ou d`abroger les lois" (1747) rechtfertigt er seine Ansichten auch theoretisch: „ Ist es nicht die Schuld der Gesetze, sie in eine derart zwanghafte Situation zu bringen?"[18]

Auch Rousseau betont in ‚Emile ou de l ´éducation» das Verbrechen als Verbrechen der Sozialisation.[19] Zu erwähnen ist hier ebenfalls Cesare Beccaria: Er sieht den Kindesmord als Auswirkung einen Widerspruchs, einer Zwangslage, in der sich eine Person befinden kann. Zitat: „Da sie gezwungen ist, zwischen ihrer Schande und dem Tode eines Geschöpfes, das

[17] Frank: Die Wolffsche Staatsphilosophie, S.19.
[18] Ouevres de Fréderic le Grand. Bd.8, Berlin 1848, S. 28.
[19] Rousseau, J.-J.: Emile ou l`éducation. Paris : Garnier Frères 1904.

den Verlust des Lebens zu fühlen noch unfähig ist, Wahl zu treffen; wie sollte sie nicht den letzteren wählen, um ihre eigene und ihres unglücklichen Kindes Schande zu verbergen?'[20] Hier, an dieser Stelle, spannt sich der Bogen zum Sturm und Drang, denn „es ist die Funktion der tragischen Interpretation einer Handlung, verstehbar zu machen, was zuvor in seiner Grässlichkeit unverständlich erschien.'[21] Beeindruckend für die Vertreter dieser Richtung war auch der Gretchen- Fall (Susanna Margarethe Brandt, hingerichtet 1772), hier betont der Pflichtverteidiger selbst die tragische Dimension des Falls:

„ Man muß die unglückliche Situation, worinnen sich die Inquisitin befunden, in ihrem völligen Umfang überdencken, um sich die leichte Möglichkeit ihres Verbrechens […] begreiflich zu machen. Von ihrer Brodherrin verstoßen, in der äußersten Armuth, denn 30 Kreuzer machten nebst wenigen schlechten Kleidungsstücken ihre ganze Habseeligkeit aus: Unwissend, wer ihr Schwängerer war und außer Stande, solchen auszukundschaften, um von ihm den Unterhalt des Kindes zu erlangen, unvermögend, solches selbst zu ernähren: Der Schande und Verachtung der Welt bloßgestellt. Allen diesen Besorgnüssen, allen diesem Unglück glaubt die Inquisitin zu entgehen, wenn sie hand an ihr Kind leget und durch Wegräumung des unglücklichen Zeugens ihrer Schande solche in eine ewige Vergessenheit zu begraben sich schmeichelt.'[22]

Das Beschriebene kennzeichnet den Widerspruch in der Tragödie und dem Kindsmordmotiv, welches den Stürmern und Drängern so zusagte. Der Kindsmord muss bestraft werden, aber die Mädchen können nicht als wirklich schuldig an ihrem Schicksal bezeichnet werden. Für die Dichter war gerade diese Tragisierung interessant, außerdem die Verschiebung des Konflikts hin zum Richter: Zum einen die theoretische Rechtfertigung der Strafen, zum anderen das Mitgefühl mit den Menschen. Als Beispiel hierfür eine theoretische Schrift des Strafrechtlers F. J. Soden:

„Das Wohl der Gesellschaft fordert, diesen allmächtigen Instinkt in gewissen Gesetzmäßigen Schranken zu halten; sonst artet er in thierische Begattung aus, sonst fallen alle wechselseitigen Familienpflichten hinweg. Soll nun der Gesetzgeber diese Schranken niederreißen? Soll er- da die Befriedigung der Wollust in dem Gesetzmäßigen Wege ohnehin für den faunischen und größern teil der Menschen so wenig reiz und so viel Beschwerde hat-

---

[20] Des Herrn Marquis von Beccaria unsterbliches werk von verbrechen uns Strafen. Hrsg. v. U. Hommel. Wien 1768, S. 136f.
[21] Weber, Heinz- Dieter: Kindmord als tragische Handlung, S. 88.
[22] Leben und Sterben der Kindesmörderin Susanna Margaretha Brandt. Nach den Prozeßakten der Kaiserlichen Freien Reichsstadt Frankfurt am Main…, dargestellt v. S. Birkner. Frankfurt: Insel 1973, S.84f.

soll er die wenigen Begünstigungen der Ehe auch noch vollends vertilgen? soll er der ungesetzmäßigen Befriedigung der Wollust gleiche rechte, gleiche Vorzüge zugestehn?"[23] Aber bei Schilderung eines Kindermörderinnenfalls taucht plötzlich diese Passage auf: „ Sie ist eine vorsätzliche Kindermörderin; Sie hat den Tod verdient. Ich selbst schreibe das Todesurtheil nieder; Aber Thränen drängen sich aus meinem herzen ins Aug und löschen es aus!- Dieß ist Natur!- Dies arme und würklich hingerichtete Mädchen nahm die Zähren ihrer Richter mit unter die Erde. Ihre Geschichte ist die vieler andern, unter minder, oder mehr, doch nicht wesentlich andern umständen"[24]

Diese Zweideutigkeit also ist es auch, was ein typisches Sturm- und Drang- Motiv ausmacht. Die Kindermörderin lässt eine moralsatirische wie auch eine tragische Lesart durchaus zu. Man könnte folgern: „Die Ansprüche der sich selbst verwirklichenden Subjektivität kollidieren mit den Normen des Bürgertums."[25] Nun sind wir also im Sturm und Drang angekommen, sie waren Friedrichs Mitkämpfer (aber auch nur in dieser Hinsicht), die „Stürmer und Dränger" im Jahr 1775. Das Problem, vorher Nebensache, rückte durch ihre Schriften überhaupt erst in den gesellschaftlichen Vordergrund. Über die Gründe, gerade dies Motiv aufzunehmen berichtete ich schon zu Anfang. Die gesellschaftliche Anteilnahme wächst also, Findelhäuser werden gefordert. In Frankreich gab es diese bereits: Das „maison de la couche" in Paris nahm zwischen 1700 und 1809, 17398 Kinder auf.

Wagner und die Kindsmordfrage

Wie schon angedeutet, rücken die Stürmer und Dränger die Unzurechnungsfähigkeit der Mörderinnen in den Fordergrund, sowie das Problem der Ehelosigkeit der Soldaten, aber auch die Erziehungsprobleme der Eltern. Auffallend ist, dass der Verführer nahezu immer höher steht als die Verführte: Oftmals wird er durch Charakterzüge wie Genusssucht, Gefuhllosigkeit, Materialismus, Untreue und Schwurliebigkeit gekennzeichnet. Das eventuelle reumütige Zurückkehren der Verführer erfolgt meist zu spät. Die Verführte ist immer gekennzeichnet durch starke Naivität: Sie, die Bürgerstochter fühlt sich geschmeichelt durch die „Liebe" eines Höhergestellten. Sie ist ein Geschöpf im Rousseauschen Sinne: Natürlich, gefühlvoll, unberührt. Der Vorgang der Verführung wird oft am breitesten ausgemalt, ohne jegliche Zurückhaltung des Autors. Ist es dann einmal zur Schwangerschaft gekommen, verschwindet der Verführer in der Regel oder sagt offen, dass er nicht heiraten will. Auf Seiten der Frau ist die Schwangerschaft gekennzeichnet durch fortwährendes

[23] Soden, F.J. von: Geist der teutschen Criminal- Gesetze 3Bde. 1782/83, Bd.2, §109.
[24] Soden, F.J. von: Anm. 23, §107.
[25] Weber, S. 90.

Weinen und der großen Angst vor Schande. Sie flüchtet in die Wildnis und kommt bei gewöhnlichen Leuten (meist Witwen) unter. In der Nacht der Geburt erfolgt dann die Ermordung des Kindes, dieses wird meist lebend geboren und trägt dann auch noch die Züge des unehelichen Vaters. Die berühmtesten Mittel der Ermordung sind der Stich der Nadel, der Fußtritt aufs Herz, Ertränkung oder das Schleudern gegen eine Felswand. Neben Wagner findet sich die Nadel als Mordwaffe auch noch bei Bürger („Von des Pfarrers Tochter von Taubenhain")[26], in Schlossers „Wudbianern"[27] und in Schlinks „Empfindungen eines unglücklichen Verführten". Das Motiv ist jedoch nicht dem realen Leben entnommen, es stammt aus der älteren Literatur: den englischen oder schottischen Balladen. Goethe, Wagner und Lenz befassten sich zuerst mit dem Motiv. Goethe im Oktober 1775, Lenz dann Ende Oktober und Wagner im November. Wagners Trauerspiel entstand zwischen 1775 und 1776.

Alle oben aufgezählten typischen Merkmale der Verarbeitung des Sturm und Drang- Motivs können in Wagners Stück gefunden werden. Eva Humbrecht stellt genau die oben beschriebene, naive Bürgerstochter da, sie hat wenig Erfahrung und einen starken Hang zur Sentimentalität. Diese Sentimentalität bestimmt dann auch ihr ganzes Handeln, das eigentlich nur aus leiden besteht. Ihre einzigen wirklichen „Aktionen" sind die Flucht als einziger Ausweg am Ende des Stücks und die Ermordung, allerdings in verwirrtem Zustand, ihres Kindes. Sie ist auch sonst stark abhängig von ihren Eltern, vor allem von ihrem Vater, dessen übersteigerte Moralvorstellungen sie auch stark verinnerlicht hat. Evchen hat also die Normen ihrer Eltern für sich übernommen und möchte sie vor allem vor „Schande" bewahren. Dazu treten noch starke religiöse Bindungen. Ihre seelische Grundstimmung ist die der Melancholie, daher auch die Lektüre von Youngs Nachtgedanken. Die Melancholie wird hier dargestellt als eine Art Gift, mit am Ende todbringender Wirkung. Martin Humbrecht als Repräsentant des Bürgertums ist ein zwiegespaltener und stark an Standesnormen orientierter Mensch. Evchens Mutter ist geblendet von den Lebensformen höherer Schichten und einem unbedingten Aufstiegswillen. Sie verrät jedoch ständig ihre soziale Herkunft, daher herrscht eine starke Diskrepanz von Anspruch und Wirklichkeit. Das Ballgehen der Mutter zeigt die angedeutete Konfliktsituation des Bürgertums, einerseits von strengen Moralvorstellungen geprägt, andererseits jedoch genauso vom unbedingten Aufstiegswillen. Auch v. Gröningseck wird ganz typisch dargestellt: Am Anfang erscheint er nur skrupellos während er zum Ende hin auch zärtliche und gewissenhafte Züge entwickelt, er bereut dann auch seine Taten, jedoch natürlich viel zu spät. Auch sprachlich zeigt sich eine Wandlung, denn zum Ende hin findet man immer mehr religiöse Kennzeichen in seinem Reden. Mit der Figur des Magisters

---

[26] Bürger: Gottfried August: Sämtliche Werke. Hrsg. v. Günther Häntschel. München: Hanser 1987.
[27] Schlosser, Johann Georg: Die Wudbianer. Basel 1785.

werden an Rousseau erinnernde Gedanken über Pädagogik wiedergegeben, jedoch nicht immer ohne ein wenig Übertreibung und Ironie. Er scheint jedoch oft eine Art Sprachrohr des Autors darzustellen. Leutnant von Hasenpoth ist der typische Intrigant, hat jedoch kein wirkliches Motiv für seine Intrige, außer dem, diese Liaison zu verhindern, die wider dem „Esprit de Corps" sei. Das Militär ist gekennzeichnet durch Prostitution und Glücksspiel als einer Art Freizeitbeschäftigung, außerdem werden auch die brutalen Praktiken der Obrigkeit charakterisiert, beispielsweise in der Fausthammer- Szene am Ende des Stücks. Jedoch muss man bei aller Ähnlichkeit der Ausarbeitung der Motive auch sagen, dass die meisten der damaligen Ausgestaltungen desselben leicht kitschig und vor allem übersteigert wirkten, während man dies in der Form wohl nicht von Wagners Drama behaupten kann, denn es gehört auch heute noch zu den hochangesehensten Dramen des Sturm und Drang. Dies war nicht immer so: Von seinen Zeitgenossen ist es eher negativ betrachtet worden, dies hatte zwei Hauptgründe: Zum einen die zahlreichen Tabuverletzungen, die das Stück enthält (das Bordell als Schauplatz gleich zu Beginn, die kaum verhüllte und sehr direkte Verführungsszene, neun Monate als gespielte Zeit und dann wohl auch die letztendliche Ermordung des Kindes auf offener Bühne), zum Anderen die damaligen Plagiatvorwürfe Goethes. Ein Beispiel für die Aufnahme des Stückes in der damaligen Zeit sind die Anmerkungen im Vorwort der Umarbeitung Karl Lessings: „ Der zum Theil herrschende Ton in der Kindermörderin rühret bloß von der Begierde, die völlig gemeine Straßburger Welt beyzubehalten. Jedermann der das Theater nur halb kennt, sieht, dass dieser Ton unmöglich so bleiben konnte."[28]

Wagner sah diese Kritik natürlich nicht ein und wies in seiner Antwort daraufhin, mit den gewollten Abänderungen zerstöre man den Sinn des Stücks: „ Aus allen diesen bemerkten Abänderungen kann der geneigte Leser nun leicht schließen, wie viel Mühe daran gewendet worden, dies Stück vorstellbar zu machen. das überflüssige Lokale, das dem Verfasser in der Vorrede vorgeworfen wird, wegzubeizen, war so leicht nicht. Dafür ists nun auch […] so beschaffen, dass es, ohne Nutzen oder schaden zu stiften, allenthalben zu beliebigem Zeitvertreib aufgeführt werden kann. […] Der Hr. Verfasser mag indessen stolz darauf seyn, dass man sein Werk schon bey seinen Lebzeiten in usum Delphini kastrirt hat."[29]

Formal gesehen ist zu sagen, dass Wagner die Einheit der Handlung genaustens einhält. Satirisch weist er am Anfang genau darauf hin: „die Handlung währt neun Monat". Die Zeit wirkt hier wie eine Art „Galgenfrist". Innerhalb genau dieser Frist sind alle Akte genau

---

[28] Zitiert nach: Heinrich Leopold Wagner, Die Kindermörderin. Ein Trauerspiel. Hrsg. v. Jörg- Ulrich Fechner. Stuttgart: Reclam 1969, S.94.
[29] Fechner, S.143.

datierbar und genau dadurch, dass man alle Zeitpunkte vom Zeitpunkt der Verführung an genau fixieren kann, spürt man das Verrinnen der neun Monate Schwangerschaft. Die Handlung spielt in Wagners Geburtsstadt Straßburg, wie oben beschrieben ein wahres Zentrum des Sturm- und Drangs. Alle Handlungen spielen in geschlossenen Räumen, nach Pilz weißt diese Reduktion der Handlung hierauf auf die „ sicherlich dominante Lebensform des Bürgermädchens im 18. Jahrhundert hin, dem ebenso wie die Verfügbarkeit über die Zeit auch die Verfügbarkeit über den Raum weitgehend beschnitten war und dessen äußere Existenz sich weitgehend auf ein Leben in Zimmern, überwacht von argwöhnischen Eltern, beschränkte.“[30]

Die Personenkonstellation bildet außerdem, wieder ein typisches Merkmal, sehr gut die realistischen damaligen Verhältnisse ab, denn alle Schichten werden durch bestimmte Personen, vor allem auch durch deren Sprache gekennzeichnet. Diese „Charakterisierungen durch Sprache“ finden sich in zahlreichen Stücken des Sturm und Drangs, am auffallendsten sind die Versuche des Bürgertums, sich durch Sprache als höhergestellt auszugeben, beispielsweise durch die Benutzung französischer Floskeln.

Typisch für den Sturm und Drang ist weiterhin die realistische und ohne Verschönerungen gezeigte Darstellung der Figuren, in all ihrer sozialen Bedingtheit. Nach Pilz ist dies die neue Erfahrung der Zeit, dass der Mensch „eingepresst“ sei in ein Normengefüge der Gesellschaft, dass seine existenzielle Selbstverwirklichung bedroht und diese Erkenntnisse habe schlagkräftige Auswirkungen auf die Literatur. So gäbe es nur zwei Möglichkeiten: Entweder man habe Sympathien mit denen, die dieses Normengefüge zu durchbrechen versuchen oder es durchbrechen (beispielsweise Götz von Berlichingen) oder man sympathisiere mit denen, die dies nicht schaffen und dem Normengefüge zum Opfer fallen, das wäre dann der Fall der „Kindermörderin.“

---

[30] Pilz, Georg: Deutsche Kindesmord- Tragödien. Wagner Goethe Hebbel Hauptmann. München: Oldenbourg 1982, S. 35.

Weiterführende Literatur:

Birkner, Siegfried: Leben und Sterben der Kindmörderin Susanna Margaretha Brandt. Frankfurt(Main) 1973.

Karthaus, Ulrich: Sturm und Drang: Epoche- Werk- Wirkung. München 2000.

Pilz, Georg: Deutsche Kindesmord- Tragödien. Wagner, Goethe, Hebbel, Hauptmann. München: Oldenbourg 1982.

Rameckers, Jan Matthias: Der Kindesmord in der Literatur der Sturm- und- Drang- Periode. Ein Beitrag zur Kultur- und Literaturgeschichte des 18. Jahrhunderts. Rotterdam 1927.

Wächtershäuser, Wilhelm: Das Verbrechen des Kindesmordes im Zeitalter der Aufklärung. Berlin 1973.

Weber, Heinz- Dieter: Kindesmord als tragische Handlung. In: Der Deutschunterricht 28 (1976), S. 75-97.

Lipinski, Cezary: Zwischen Sittenlosigkeit und Volkserziehung. Zu sittlich- religiösen Zeitgebrechen in Schlesien um die Wende des 18. zum 19. Jh. im Spiegel der „Schlesischen Provinzialblätter". In: Orbis Linguarum 20 (2002), S.47-67.